Contemporary Chinese

Revised Edition

吴中伟　主编

Dāngdài　Zhōngwén

当代中文 修订版

1A

Shūxiěběn

书写本

Character Writing Workbook

华语教学出版社
SINOLINGUA

GW01396006

First Edition   2015

ISBN 978-7-5138-0981-8
Copyright 2015 by Sinolingua Co., Ltd
Published by Sinolingua Co., Ltd
24 Baiwanzhuang Road, Beijing 100037, China
Tel: (86) 10-68320585   68997826
Fax: (86) 10-68997826   68326333
http://www.sinolingua.com.cn
E-mail: hyjx@sinolingua.com.cn
Facebook: www.facebook.com/sinolingua
Printed by Dachang Rainbow Printing Co. Ltd.

Printed in the People's Republic of China

Mùlù 目录 Contents

Unit **0.1** | Rùmén
入门

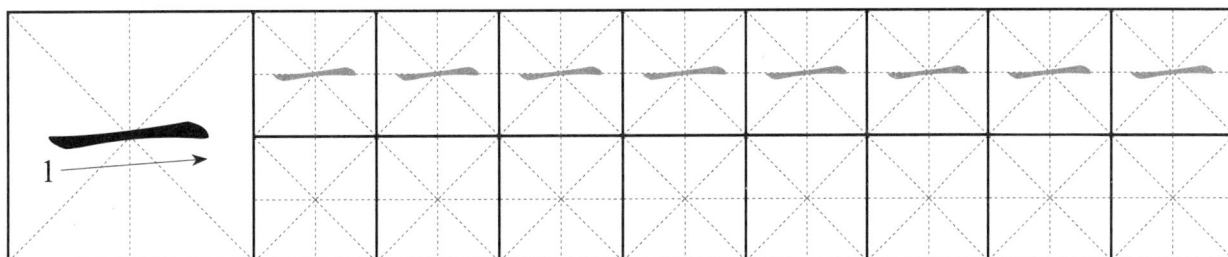

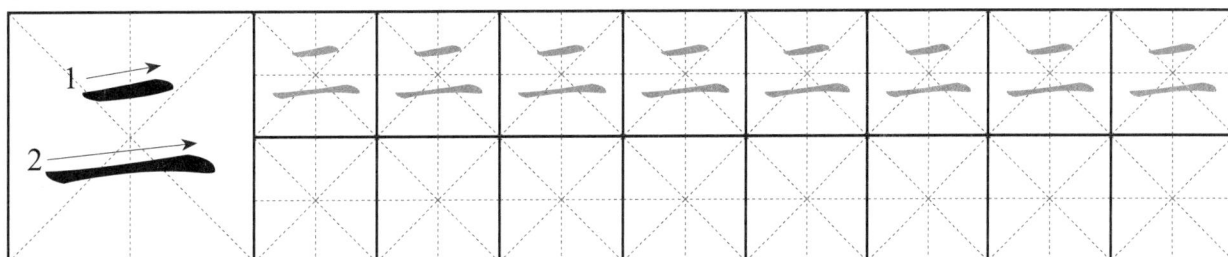

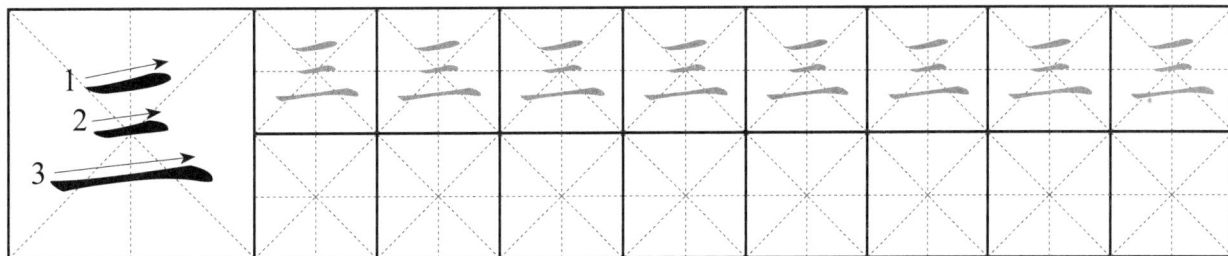

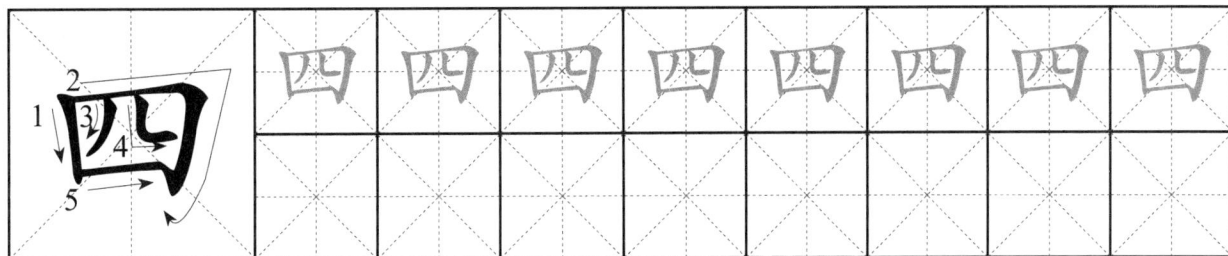

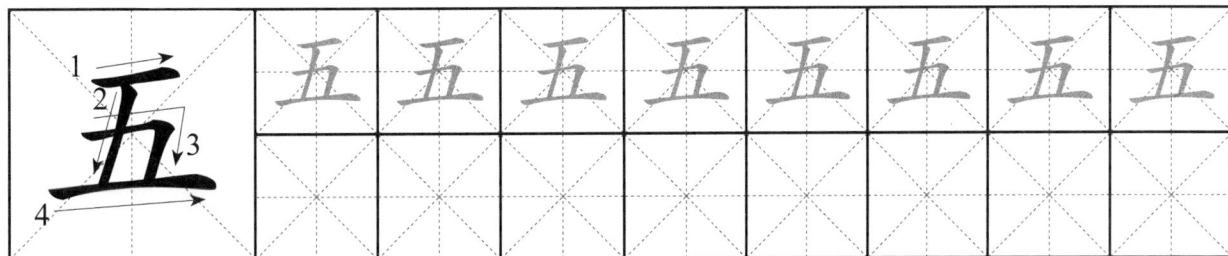

六	六	六	六	六	六	六	六	六

七	七	七	七	七	七	七	七	七

八	八	八	八	八	八	八	八	八

九	九	九	九	九	九	九	九	九

十	十	十	十	十	十	十	十	十

Unit **0.3** | Rùmén 入门

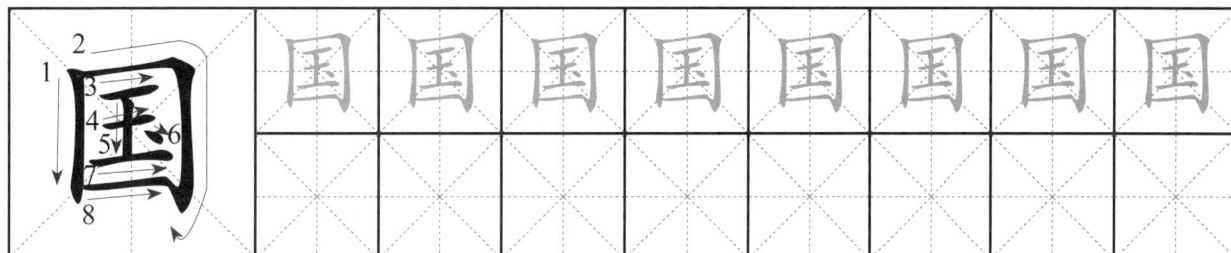

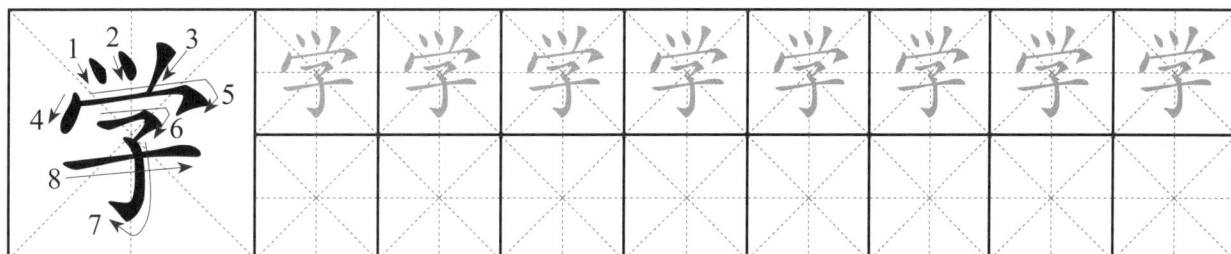

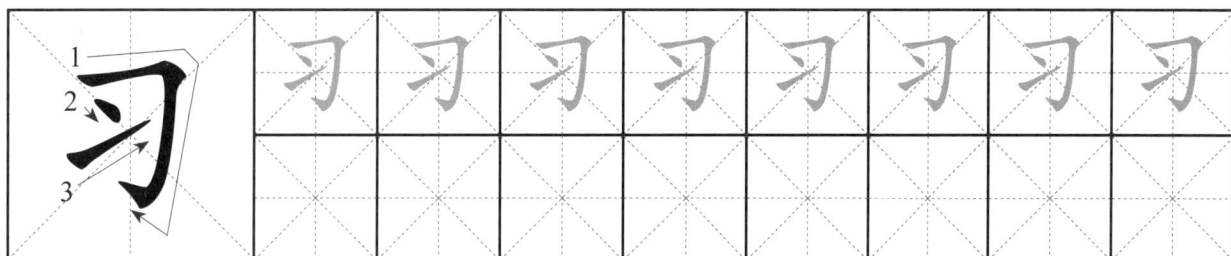

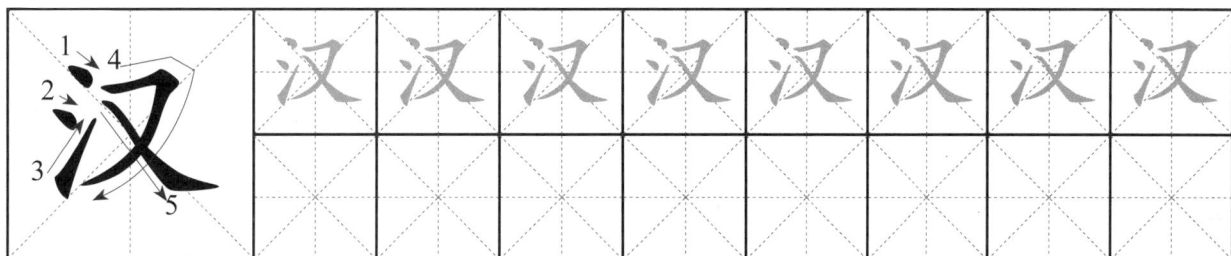

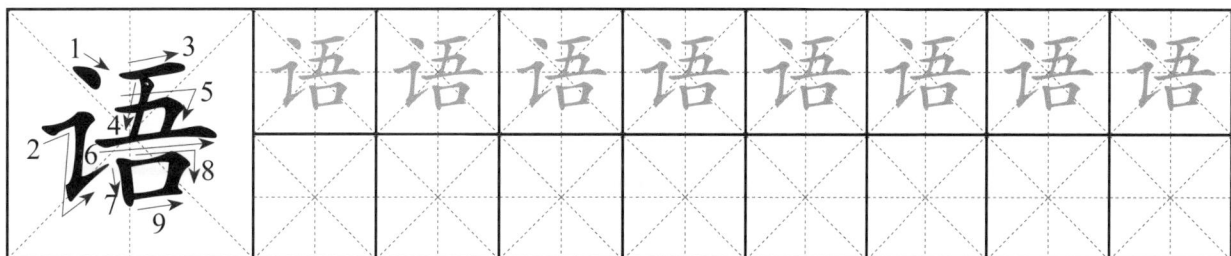

文	文	文	文	文	文	文	文	文

写	写	写	写	写	写	写	写	写

字	字	字	字	字	字	字	字	字

Unit **0.5** | Rùmén
入门

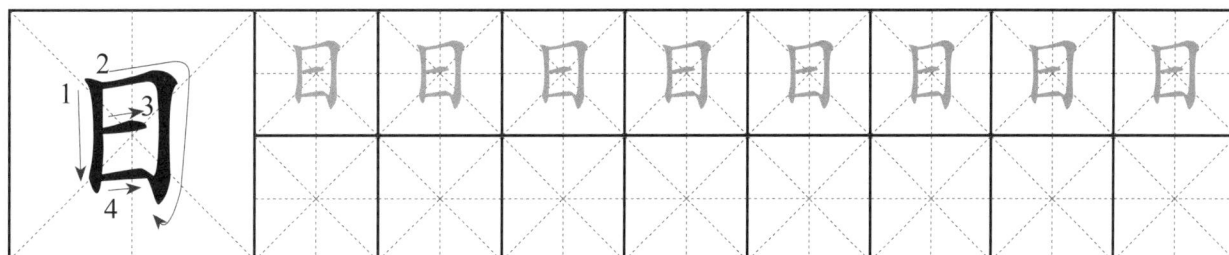

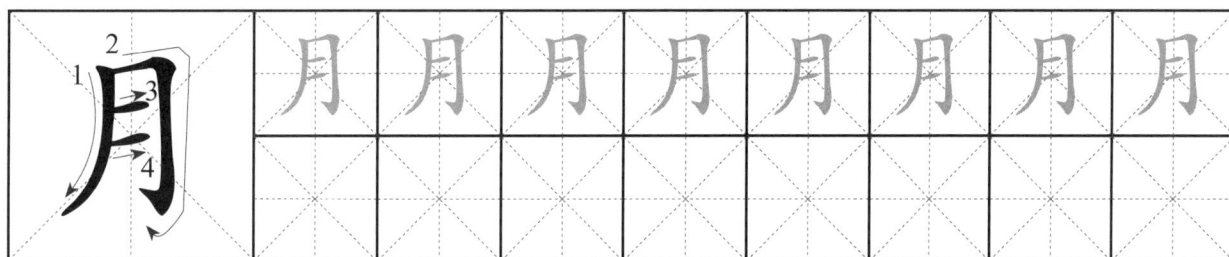

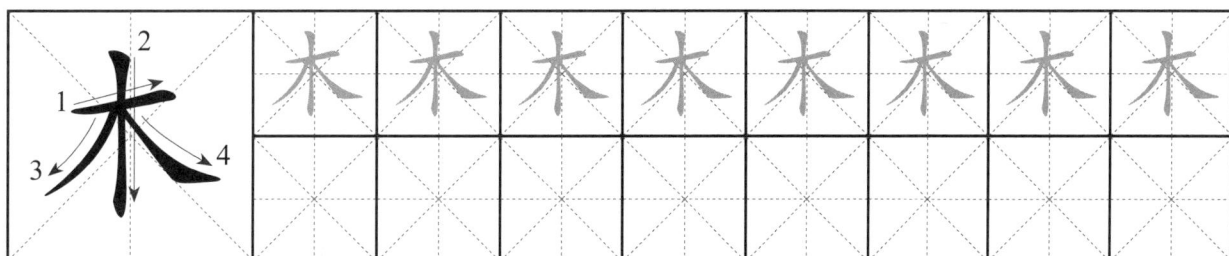

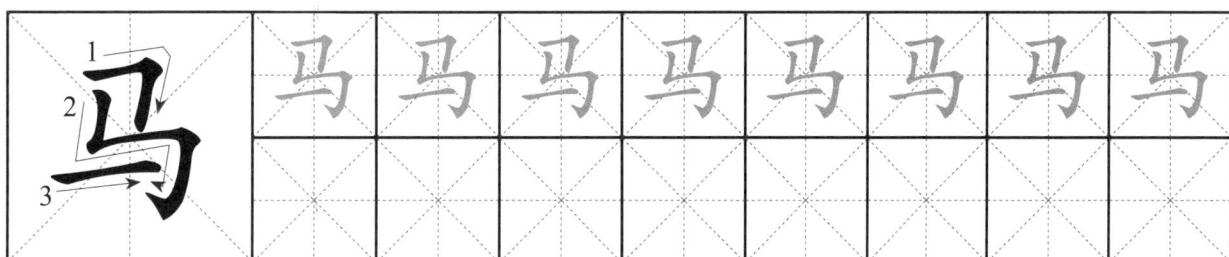

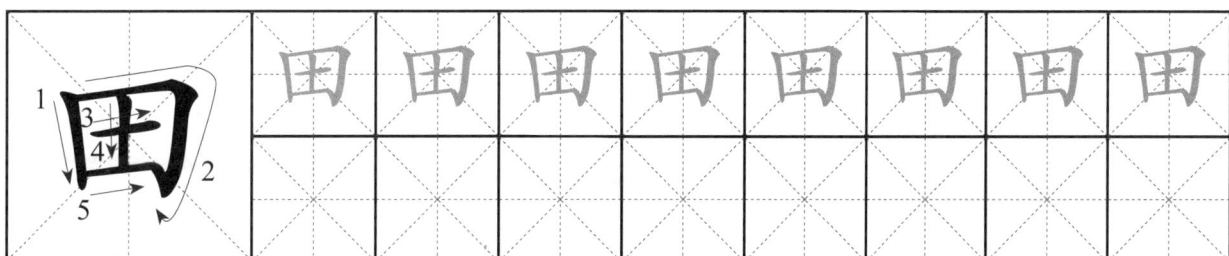

天 天 天 天 天 天 天 天 天

明 明 明 明 明 明 明 明

林 林 林 林 林 林 林 林

妈 妈 妈 妈 妈 妈 妈 妈

河 河 河 河 河 河 河 河

我 我 我 我 我 我 我 我

你 你 你 你 你 你 你 你

他 他 他 他 他 他 他 他

她 她 她 她 她 她 她 她

们 们 们 们 们 们 们 们

叫	叫	叫	叫	叫	叫	叫	叫	叫

什	什	什	什	什	什	什	什	什

么	么	么	么	么	么	么	么	么

名	名	名	名	名	名	名	名	名

是	是	是	是	是	是	是	是	是

不	不	不	不	不	不	不	不	不

也	也	也	也	也	也	也	也	也

吗	吗	吗	吗	吗	吗	吗	吗	吗

呢	呢	呢	呢	呢	呢	呢	呢	呢

您	您	您	您	您	您	您	您	您

姓	姓	姓	姓	姓	姓	姓	姓	姓

同	同	同	同	同	同	同	同	同

老	老	老	老	老	老	老	老	老

师	师	师	师	师	师	师	师	师

说	说	说	说	说	说	说	说	说

还	还	还	还	还	还	还	还	还

都	都	都	都	都	都	都	都	都

只	只	只	只	只	只	只	只	只

	哪	哪	哪	哪	哪	哪	哪	哪
哪								

	贵	贵	贵	贵	贵	贵	贵	贵
贵								

	英	英	英	英	英	英	英	英
英								

	法	法	法	法	法	法	法	法
法								

1

Unit **3** |

地 地 地 地 地 地 地 地

方 方 方 方 方 方 方 方

有 有 有 有 有 有 有 有

几 几 几 几 几 几 几 几

个 个 个 个 个 个 个 个

家	家	家	家	家	家	家	家	家

爸	爸	爸	爸	爸	爸	爸	爸	爸

先	先	先	先	先	先	先	先	先

生	生	生	生	生	生	生	生	生

太	太	太	太	太	太	太	太	太

和	和	和	和	和	和	和	和	和

3

多	多	多	多	多	多	多	多	多

两	两	两	两	两	两	两	两

岁	岁	岁	岁	岁	岁	岁	岁	岁

爱	爱	爱	爱	爱	爱	爱	爱	爱

校	校	校	校	校	校	校	校

少	少	少	少	少	少	少	少	少

百	百	百	百	百	百	百	百	百

千	千	千	千	千	千	千	千	千

万	万	万	万	万	万	万	万	万

没	没	没	没	没	没	没	没	没

想	想	想	想	想	想	想	想	想

让	让	让	让	让	让	让	让	让

去	去	去	去	去	去	去	去	去

来	来	来	来	来	来	来	来	来

为	为	为	为	为	为	为	为	为

因	因	因	因	因	因	因	因	

分	分	分	分	分	分	分	分	分

公	公	公	公	公	公	公	公	公

	孩	孩	孩	孩	孩	孩	孩	孩
孩								

	吧	吧	吧	吧	吧	吧	吧	吧
吧								

	啊	啊	啊	啊	啊	啊	啊	啊
啊								

	概	概	概	概	概	概	概	概
概								

	板	板	板	板	板	板	板	板
板								

Unit 5

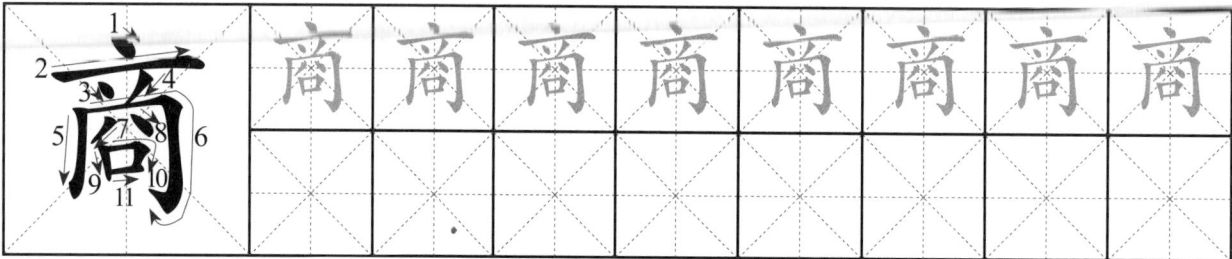

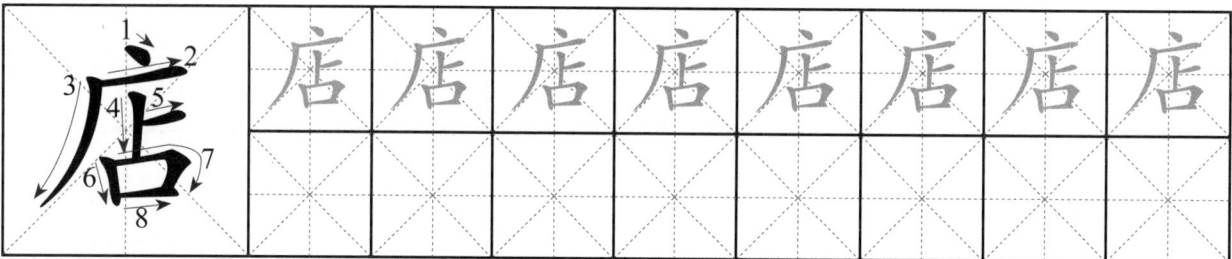

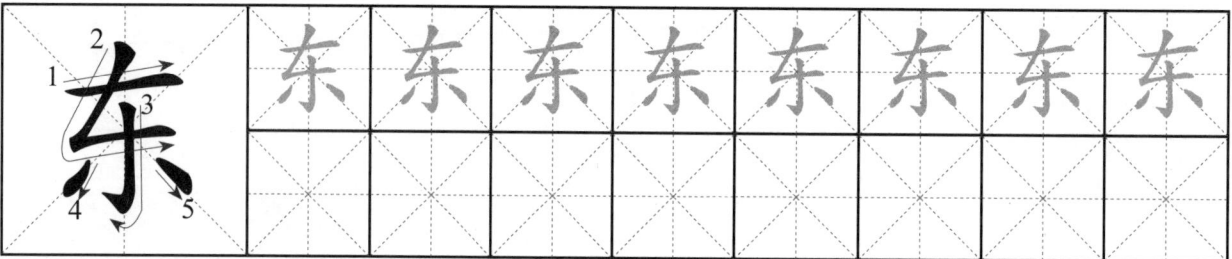

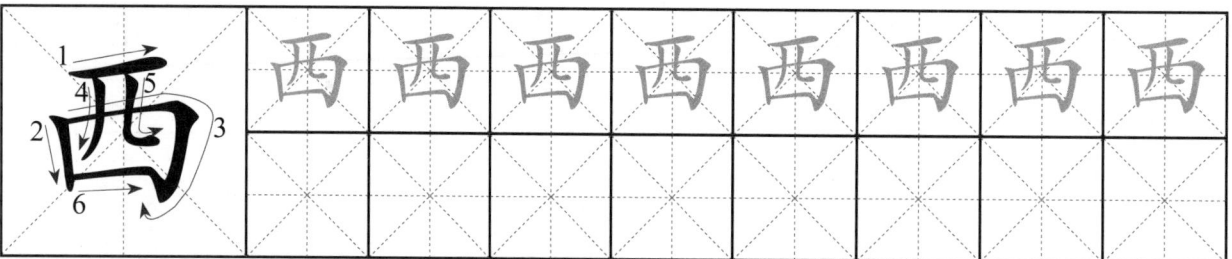

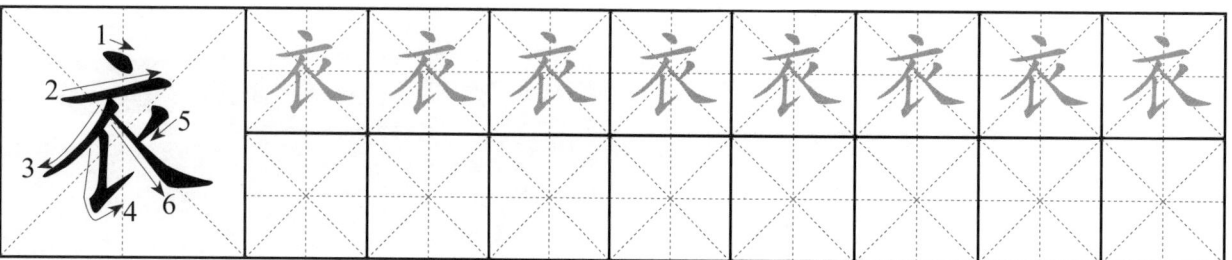

服	服	服	服	服	服	服	服	服

会	会	会	会	会	会	会	会	会

买	买	买	买	买	买	买	买	买

卖	卖	卖	卖	卖	卖	卖	卖	卖

白	白	白	白	白	白	白	白	白

红	红	红	红	红	红	红	红	红

5

贵	贵	贵	贵	贵	贵	贵	贵
便	便	便	便	便	便	便	便
宜	宜	宜	宜	宜	宜	宜	宜
钱	钱	钱	钱	钱	钱	钱	钱
元	元	元	元	元	元	元	元
了	了	了	了	了	了	了	了

点	点	点	点	点	点	点	点	点

饭	饭	饭	饭	饭	饭	饭	饭	

鱼	鱼	鱼	鱼	鱼	鱼	鱼	鱼	鱼

牛	牛	牛	牛	牛	牛	牛	牛	牛

肉	肉	肉	肉	肉	肉	肉	肉	

5

米	米	米	米	米	米	米	米	米

	吃	吃	吃	吃	吃	吃	吃
吃							

	等	等	等	等	等	等	等
等							

	最	最	最	最	最	最	最
最							

	营	营	营	营	营	营	营
营							

	业	业	业	业	业	业	业
业							

	员	员	员	员	员	员	员
员							

衬	衬	衬	衬	衬	衬	衬	衬	衬

衫	衫	衫	衫	衫	衫	衫	衫	衫

裤	裤	裤	裤	裤	裤	裤	裤	裤

条	条	条	条	条	条	条	条	条

试	试	试	试	试	试	试	试	试

5

块	块	块	块	块	块	块	块	块

务 务 务 务 务 务 务 务

菜 菜 菜 菜 菜 菜 菜 菜

糖 糖 糖 糖 糖 糖 糖

醋 醋 醋 醋 醋 醋 醋 醋

酸 酸 酸 酸 酸 酸 酸 酸

辣 辣 辣 辣 辣 辣 辣 辣

汤 汤 汤 汤 汤 汤 汤 汤

蔬 蔬 蔬 蔬 蔬 蔬 蔬 蔬

饺 饺 饺 饺 饺 饺 饺 饺

烧 烧 烧 烧 烧 烧 烧 烧

年	年	年	年	年	年	年	年	年

放	放	放	放	放	放	放	放	放

号	号	号	号	号	号	号	号	号

前	前	前	前	前	前	前	前	前

后	后	后	后	后	后	后	后	后

旅	旅	旅	旅	旅	旅	旅	旅

回	回	回	回	回	回	回	回

担	担	担	担	担	担	担	担

心	心	心	心	心	心	心	心

帮	帮	帮	帮	帮	帮	帮	帮

助	助	助	助	助	助	助	助

或	或	或	或	或	或	或	或

者	者	者	者	者	者	者	者

别	别	别	别	别	别	别	别

找	找	找	找	找	找	找	找

穿	穿	穿	穿	穿	穿	穿	穿

眼	眼	眼	眼	眼	眼	眼	眼

头	头	头	头	头	头	头	头	头

发	发	发	发	发	发	发	发	发

长	长	长	长	长	长	长	长	长

皮	皮	皮	皮	皮	皮	皮	皮	皮

肤	肤	肤	肤	肤	肤	肤	肤	肤

出	出	出	出	出	出	出	出	出

7

进	进	进	进	进	进	进	进

过	过	过	过	过	过	过	过

每	每	每	每	每	每	每	每

刚	刚	刚	刚	刚	刚	刚	刚

假	假	假	假	假	假	假	

旬	旬	旬	旬	旬	旬	旬	旬

仔	仔	仔	仔	仔	仔	仔	仔	仔

戴	戴	戴	戴	戴	戴	戴	戴	戴

镜	镜	镜	镜	镜	镜	镜	镜	镜

副	副	副	副	副	副	副	副	副

瘦	瘦	瘦	瘦	瘦	瘦	瘦	瘦	瘦

哦	哦	哦	哦	哦	哦	哦	哦	哦

7

责任编辑：韩　颖
英文编辑：吴爱俊
封面设计：新　乐

图书在版编目（CIP）数据

《当代中文》书写本 . 1A / 吴中伟主编 . -- 北京：华语教学出版社，2015.7
ISBN　978-7-5138-0981-8

Ⅰ．①当… Ⅱ．①吴… Ⅲ．①汉语－对外汉语教学－教材 Ⅳ．① H195.4

中国版本图书馆 CIP 数据核字（2015）第 155696 号

《当代中文》书写本

1A

吴中伟　主编

*

©华语教学出版社有限责任公司
华语教学出版社出版有限责任公司
（中国北京百万庄大街 24 号　邮政编码 100037）
电话：(86)10-68320585　68997826
传真：(86)10-68997826　68326333
网址：www.sinolingua.com.cn
电子信箱：hyjx@sinolingua.com.cn
新浪微博地址：http://weibo.com/sinolinguavip
大厂回族自治县彩虹印刷有限公司印刷
2015 年（16 开）第 1 版
2015 年第 1 版第 1 次印刷
（汉英）
ISBN 978-7-5138-0981-8
定价：15.90 元